PLANNING POST-SÉPARATION

Harmonie J.

Édition : BoD · Books on Demand,
31 avenue Saint-Rémy, 57600
Forbach, bod@bod.fr
Impression : Libri Plureos GmbH,
Friedensallee 273, 22763 Hamburg
(Allemagne)
ISBN : 978-2-8106-2886-5
Dépôt légal : Mai 2025

Ton petit guide pratique et réconfortant, avec une introduction, une journée par chapitre, des espaces d'écriture, et une conclusion inspirante.

7 jours pour me retrouver – Petit guide de renaissance après une séparation

<u>*Introduction*</u>

> *Se séparer, c'est perdre une version de soi autant qu'une relation.*

Ce livret t'accompagne pas à pas, jour après jour, pour t'aider à pleurer, comprendre, te libérer... et te reconstruire.

Tu mérites d'aimer, mais surtout, tu mérites de t'aimer.

Jour 1 – Accueillir la tempête

Objectifs : Laisser sortir ce qui te pèse.

Écris une lettre à ton ex (sans l'envoyer).

Pleure si tu en ressens le besoin. Tu as le droit.

Note ici ce que tu ressens sans filtre :

Journal du jour :

....

....

....

....

....

....

......

Citation du jour : "Les larmes sont les mots que le cœur ne peut plus dire."

Jour 2 – Mettre de la clarté

Objectifs : Comprendre ce que cette relation t'a apporté (et t'a pris).

Liste ce que tu ne veux plus jamais tolérer en amour.

–

–

–

–

–

Liste ce que tu désires profondément dans une future relation.

-

-

-

-

-

Exercice d'écriture : "Ce que j'ai appris sur moi dans cette rupture..."

Journal du jour :

....
....
....
....
....
....
......

Citation du jour : "Parfois, ce n'est pas l'amour qui manque, c'est le respect."

Jour 3 – Nettoyer l'espace

Objectifs : Créer un espace extérieur et intérieur plus léger.

Range, trie, débarrasse-toi des objets liés à ton ex.

Supprime vos photos, etc.

Réorganise un coin rien qu'à toi.

Mouvement du corps (marche, yoga doux, étirements).

Écris ici : Ce que je garde, ce que
je laisse partir.

....

....

....

....

....

......

Jour 4 – Revenir à toi

Objectifs : Te recentrer sur ton identité, reconnecter avec ce qui fait sens.

Exercice d'écriture : "Qui suis-je en dehors de cette relation ?"

....

....

....

....

....

....

....

Liste tes forces, tes talents, tes rêves.

-

-

-

-

-

Moment de soin : bain, massage, silence...

Affirmation du jour : "Je me reconstruis avec douceur et vérité."

Jour 5 – Planter les graines

Objectifs : Te reconnecter au plaisir, à la joie simple.

Fais une chose que tu aimais avant cette relation.

Crée une playlist "renaissance".

Passe un moment avec quelqu'un qui t'aime sincèrement.

Idée d'écriture : "Si tout était possible, je vivrais... "

....

....

....

....

....

....

....

....

Jour 6 – Retrouver ta puissance

Objectifs : Te sentir vivante, ancrée, capable.

Activité physique plus dynamique (danse, footing, boxe...).

Liste 10 choses que tu apprécies chez toi aujourd'hui.

1. .
2. .
3. .
4. .

5. .

6. .

7. .

8. .

9. .

10.   .

Lettre à ton futur toi : "Je promets de toujours me choisir."

....

....

....

....

....

....

....

....

....

....

Mantra du jour : "Je suis ma maison."

Jour 7 – Célébrer ton renouveau

Objectifs : Te projeter, célébrer, clore ce cycle.

Prépare-toi comme pour un premier rendez-vous avec toi-même.

Crée ton tableau de vision (rêves, voyages, amour, projets).

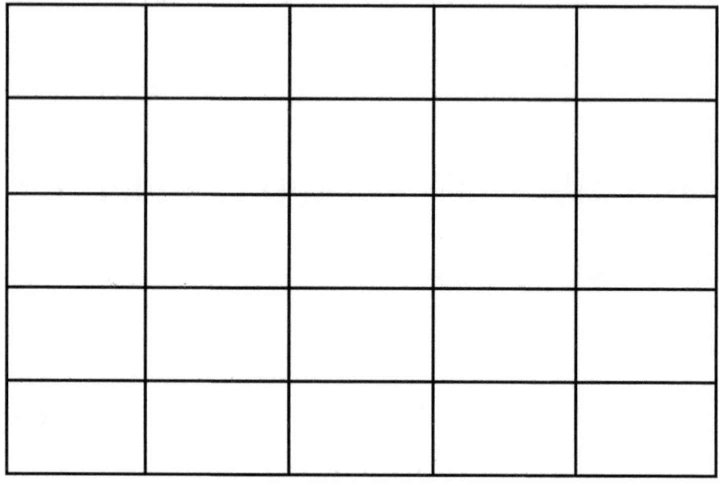

Rituel de clôture : allume une bougie, écris un mot d'au revoir symbolique, dis-lui merci (pour te libérer).

Dernière page à remplir :
"Ce que je me souhaite désormais..."

....

....

....

....

....

....

....

Conclusion

> Tu viens de traverser la première semaine.
Ce n'est que le début de ton retour à toi. Tu n'as pas à courir. Avance à ton rythme. Ce livret est à relire chaque fois que tu en ressens le besoin.
N'oublie jamais : tu es aimable, entière et irremplaçable.

Version condensée sur 7 jours de ton planning post-séparation, pour amorcer rapidement ta reconstruction émotionnelle tout en douceur et en puissance :

<u>Jour 1 : Lâcher prise & accueillir</u>

☐ Écris une lettre, un poème à ton ex (non envoyée), pour sortir tout ce que tu ressens.

☐ Pleure si tu en as besoin (sans te juger), écoute des musiques qui te touchent.

☐Écris dans un carnet : "Ce que je ressens aujourd'hui."

☐Fais une pause réseaux sociaux (surtout s'il y a des risques de stalk).

Jour 2 : Nommer & comprendre

☐ Liste ce que cette relation t'a appris.

☐ Liste ce que tu ne veux plus accepter en amour.

☐ Marche seule en écoutant une musique douce ou rien du tout.

☐ Écris : "Les moments où je me suis oubliée dans cette relation."

Jour 3 : Nettoyage émotionnel

☐Range ou débarrasse-toi des objets/souvenirs qui te rattachent à cette relation.

☐Réorganise un petit coin chez toi pour y mettre du neuf (bougie, plante, photo inspirante...).

☐Fais une activité physique douce (yoga, stretching, danse libre chez toi).

☐Crée un mantra de guérison (ex : "Je me choisis avec tendresse.", "Je me priorise.").

Jour 4 : Reconnexion à toi

Note : "Qui suis-je en dehors de cette relation ?"

☐ Liste ce qui te fait du bien (activités, personnes, souvenirs positifs).

☐ Offres-toi un moment sensoriel : soin visage & corps, musique qui te ressource.

☐Fais une visualisation de toi, épanouie dans 3 mois.

<u>Jour 5 : Renaissance</u>

☐ Lance un petit projet personnel ou reprends une passion mise de côté.

☐ Sors seule ou avec une amie bienveillante (café, expo, balade...).

☐ Écris : "Ce que je veux vivre désormais en amour."

☐ Crée une playlist "renaissance" avec des chansons qui te donnent du pouvoir.

Jour 6 : Affirmation de soi

☐ Fais un sport plus dynamique (course, danse, renforcement). Ressens ta force !

☐ Écris une lettre à ton futur toi : "Je te promets de ne plus jamais..."

☐ Note 5 choses que tu aimes chez toi aujourd'hui.

☐Répète ce mantra : "Je suis complète, je me reconstruis avec amour."

Jour 7 : Célébration & projection

☐ Prépare-toi comme si tu avais un rendez-vous avec la vie (habille-toi pour toi).

☐ Célèbre cette première semaine : un repas que tu aimes, un cadeau, une sortie.

☐ Crée un tableau de vision ou une liste de tes rêves à venir.

☐Conclus la semaine par un moment méditatif ou un rituel symbolique (allumer une bougie, écrire "Je choisis de me libérer").

Aime toi & <u>brille</u> !

Planning
Post-Séparation
Je me choisis avec tendresse

Jour 1
Làcher prise
& accueullir

Jour 2
Nommer &
comprendre

Jour 3
Nettoyage
émotionnel

Jour 4
Renanssance

Jour 5
Affirmation
de soi

Jour 7
Célébration
& projection

Notes
Self-care

Notes

Dédicace

À toi, qui lis ces pages avec le
cœur en miettes et l'âme fatiguée.

À toi, qui cherches des réponses,
un peu d'apaisement, un peu
d'espoir.

Ce petit livre est pour toi.
Pour t'aider à te relever,
te recentrer, te rappeler ta valeur.

Parce qu'une séparation ne définit
pas qui tu es.
Parce que tu mérites l'amour,
le vrai — et surtout, celui que
tu te portes.